Célio Reginaldo Calikoski
Débora Regina Pupo
Léo Marcelo Plantes Machado
Maria do Carmo Ezequiel Rollemberg
Virginia Feronato

Crescer em Comunhão
Catequese de inspiração catecumenal com a família

Volume 1

© 2014, 2024, Editora Vozes Ltda.
Rua Frei Luís, 100
25689-900 Petrópolis, RJ
www.vozes.com.br
Brasil

Todos os direitos reservados. Nenhuma parte desta obra poderá ser reproduzida ou transmitida por qualquer forma e/ou quaisquer meios (eletrônico ou mecânico, incluindo fotocópia e gravação) ou arquivada em qualquer sistema ou banco de dados sem permissão escrita da editora.

CONSELHO EDITORIAL

Diretor
Volney J. Berkenbrock

Editores
Aline dos Santos Carneiro
Edrian Josué Pasini
Marilac Loraine Oleniki
Welder Lancieri Marchini

Conselheiros
Elói Dionísio Piva
Francisco Morás
Gilberto Gonçalves Garcia
Ludovico Garmus
Teobaldo Heidemann

Secretário executivo
Leonardo A.R.T. dos Santos

PRODUÇÃO EDITORIAL

Aline L.R. de Barros
Jailson Scota
Marcelo Telles
Mirela de Oliveira
Natália França
Otaviano M. Cunha
Priscilla A.F. Alves
Rafael de Oliveira
Samuel Rezende
Vanessa Luz
Verônica M. Guedes

Editoração: Mariana Perlati
Diagramação: Ana Maria Oleniki
Revisão gráfica: Alessandra Karl
Revisão teológica: Débora Regina Pupo
Capa: Ana Maria Oleniki
Ilustração de capa: @lublubachka

ISBN 978-85-326-6984-1

Este livro teve uma edição com o título *Crescer em Comunhão – Catequese e família 1*.

Este livro foi composto e impresso pela Editora Vozes Ltda.

Sumário

Apresentação, 5

Introdução, 7

1 Família: berço da catequese, 19

2 Comunidade: lugar de missão, 31

3 A família e a Palavra de Deus, 41

4 A oração, o diálogo e a união da família com Deus, 51

Anexo 1, 60

Anexo 2, 61

Referências, 62

Siglas

AL – Exortação Apostólica pós-sinodal *Amoris Lœtitia* – Sobre o amor na família

CNBB – Conferência Nacional dos Bispos do Brasil

AS – *Apostolorum Sucessores* – Diretório para o ministério pastoral dos bispos

CIgC – Catecismo da Igreja Católica

CT – Exortação Apostólica *Catechesi Tradendae* – sobre a catequese de nosso tempo

DNC – Diretório Nacional de Catequese

DC – Diretório para a Catequese

EG – Exortação Apostólica *Evangelii Gaudium* – sobre o anúncio do Evangelho no mundo atual

Apresentação

> Os pais que creem, com seu exemplo diário de vida, têm a capacidade mais envolvente de transmitir aos próprios filhos a beleza da fé cristã (DC, n. 124).

Queridas famílias e queridos catequistas,

Com alegria apresentamos a coleção *Crescer em Comunhão: catequese de inspiração catecumenal com a família*. Desejamos que este subsídio ajude pais e responsáveis a melhor compreenderem a bela missão que têm: serem os protagonistas da educação na fé dos filhos e filhas.

Os documentos da Igreja são unânimes em dizer que as famílias são as primeiras catequistas dos filhos e filhas. Porém, é preciso ajudá-las para que melhor desempenhem essa missão e possam acompanhar o crescimento e amadurecimento na fé das crianças e dos adolescentes. Foi pensando na missão dos pais, mães e responsáveis que a equipe de autores preparou cinco volumes da coleção *Crescer em Comunhão* a fim de, assim, contribuir na realização para a catequese com as famílias.

Cada volume apresenta uma proposta de encontros com as famílias, acompanhando o itinerário catequético das crianças e adolescentes. Embora eles complementem a coleção *Crescer em Comunhão*, seu conteúdo permite que sejam utilizados para realizar a catequese familiar em diferentes realidades, sejam daquelas que adotam a coleção *Crescer em Comunhão* ou não, pois os volumes foram pensados para oferecer uma catequese aos pais com o objetivo de que se formem na fé e fortaleçam a espiritualidade familiar. Os encontros foram desenvolvidos de maneira que possam ser realizados pelos catequistas ou pelas próprias famílias reunidas. Nossos votos são de que esses volumes enriqueçam a formação das famílias e auxiliem para que possam assumir a educação na fé de seus filhos e filhas e, desse modo, contribuam com a missão da catequese de ajudar a formar discípulos missionários.

Agradecemos o empenho de cada catequista e das famílias para que possam realizar uma catequese cada vez mais querigmática e mistagógica. Que a Sagrada Família abençoe cada lar, cada pai, mãe, filho e filha. Que possamos fortalecer nossa fé e contribuir para "tornar o Reino de Deus presente no mundo" (EG, n. 176).

Débora Regina Pupo
Coordenadora da Animação Bíblico-Catequética
Regional Sul 2/CNBB

Introdução

A fé é um dom de Deus, uma graça que dele recebemos, porque Ele é infinitamente bom e ama cada um de nós como um filho predileto. Como semeador zeloso, Ele planta a semente da fé em nosso coração, sem nada nos pedir, apenas porque nos ama. Contudo, Deus espera que essa semente seja acolhida por cada um de nós e cuidada com zelo, amor e confiança para crescermos na consciência dos valores cristãos e para sermos testemunhas autênticas do Amor.

A fé é, também, resposta livre da pessoa humana ao amor de Deus. E assim, como não podemos dar a vida a nós mesmos, não podemos nos dar a fé ou crer sozinhos. Nós recebemos a fé de algumas pessoas e devemos transmiti-la a outras. E quando acolhemos o amor de Deus e reconhecemos sua presença em nós, nosso amor-resposta nos move a falar aos outros sobre a nossa fé, sobre em quem colocamos a nossa fé: "É o Senhor quem sustenta a minha vida!" (Sl 53).

A CATEQUESE EDUCA NA FÉ

A catequese é uma educação da fé das crianças, dos jovens e dos adultos, a qual compreende especialmente um ensino da doutrina cristã, dado em geral de maneira orgânica e sistemática, com fim de os iniciar na plenitude da vida cristã (CT, n. 18).

Catequese é educação na fé, supostamente ensinada e vivenciada em casa, pelos pais, pelas mães e por toda a família. Ao ingressar na catequese paroquial, a criança irá aprofundar o que foi recebido da família, com ensinamentos essenciais não só da doutrina, como também da vida. Essa educação na fé acontece mediante um processo ao mesmo tempo pessoal e comunitário, sistemático, permanente e dinâmico (cf. DNC, n. 233).

A catequese é um dos meios pelos quais Deus continua a se manifestar às pessoas. O catequista anuncia Jesus Cristo, fiel à sua Palavra e à sua mensagem, e, como um profeta contemporâneo, faz ecoar a Palavra em sua comunidade, tornando-a compreendida para ser vivenciada. O catequizando, assim, é ajudado a conhecer, acolher, celebrar e vivenciar o mistério de Deus, manifestado em Jesus Cristo, que nos revela o Pai e nos envia o Espírito Santo. Também, é guiado para estar em comunhão com a Igreja e a participar em sua missão (cf. CIgC, n. 426-429).

A FAMÍLIA TESTEMUNHA A FÉ

A família cristã, em toda a história, tem sido chamada a ser a grande educadora na fé, com a missão de ser uma "Boa-nova" capaz de despertar esperança. Para cumprir essa missão, os pais transmitem a fé aos filhos na simplicidade da vida diária.

É senso comum que a família é fundamental em todos os processos formativos de crianças ou adolescentes, porque mães e pais são referenciais importantes no amadurecimento dos filhos. Portanto, a família é também a primeira responsável pela educação na fé de seus filhos. Pais e mães que experimentam o amor de Deus – e que procuram testemunhar esse amor – ajudam seus filhos, com atitudes e gestos, a fazerem, também, essa experiência. A forma como os pais falam de Deus para seus filhos é a primeira catequese e seu despertar para a vida cristã. Quando a criança percebe que a família vive a partilha, a comunhão e o amor, irá, certamente, na catequese na comunidade, compreender melhor a imagem de Deus como um Deus de partilha, comunhão e amor (*Sou Catequista*, 2015).

Olhando para Maria e José, vemos um casal profundamente confiante em Deus, com uma fé firme e corajosa, pois, mesmo não entendendo totalmente o que poderia acontecer, eles disseram sim a Deus. Suas dúvidas e medos não impediram que se comprometessem com Deus e com toda a humanidade. O que nos ensinam Maria e José? Que devemos dar também o nosso sim, assumindo um compromisso firme com Deus e com as pessoas, procurando ouvir e compreender o que Ele nos diz. Eles nos ensinam, ainda, a procurar fazer das nossas famílias espaços de partilha, de respeito mútuo, de fidelidade, de amor e de compromisso com a fé.

CATEQUESE E FAMÍLIA

> Os pais são os primeiros responsáveis pela educação de seus filhos na fé, na oração e em todas as virtudes. Eles têm o dever de prover, na medida do possível, as necessidades físicas e espirituais de seus filhos (CIgC, n. 2252).

No início da Igreja, sem templos cristãos e sem as estruturas pastorais de hoje, os cristãos reuniam-se nas casas, onde os discípulos anunciavam a Boa-nova de Jesus Cristo. Esses encontros celebrativos transformavam a vida das famílias, que se tornavam verdadeiras transmissoras do Evangelho e dos valores cristãos. Nos lares, os ensinamentos de Jesus eram passados de uma geração a outra com a força do testemunho.

O Papa Francisco afirmou que a família não pode desistir de ser apoio, acompanhamento e guia dos filhos (cf. AL, n. 260), mas precisa insistir em ser o lugar onde as razões e a beleza da fé, a oração e o serviço ao próximo são ensinados no dia a dia (cf. AL, n. 287). Os exemplos, os testemunhos e a presença dos pais, tal como na Igreja nascente, permanecem indispensáveis para o amadurecimento na fé dos seus filhos.

Hoje não podemos ignorar os muitos desafios que as famílias enfrentam. Porém, mesmo em meio a tantas dificuldades, cabe ainda à família iniciar a caminhada de fé dos seus filhos (cf. DNC, n. 238). Se ela é responsável por acompanhar sua vida escolar e sua educação integral, de maneira semelhante, ela tem a responsabilidade de acompanhar sua educação na fé, isto é, seu caminho na catequese.

Vale mencionar que a fé transmitida pelas famílias aos seus filhos não é uma fé particular: é a fé da comunidade-Igreja. Por isso, podemos afirmar que a catequese é tarefa da comunidade eclesial – da qual os pais são parte e, portanto, também responsáveis. Se nas famílias acontece a primeira experiência de Deus, a catequese paroquial avança no processo de educação da fé oferecendo experiências de Igreja e de fé celebrada e vivida, além de conduzir à vida na comunidade.

Em síntese, família e catequese têm uma missão comum: educar para os valores essenciais da vida. Famílias e catequistas devem atuar juntos, cada um fazendo a sua parte no processo de educação da fé das crianças, adolescentes e jovens. Por isso, a Igreja percebe a necessidade de motivar as famílias para que se comprometam à colaborar efetivamente com a catequese de seus filhos. Não é exagero afirmar que toda a família deve ser envolvida no processo da catequese para que, juntos, filhos, pais, famílias e comunidade amadureçam a fé e experimentem com alegria e amor a presença de Jesus em suas vidas, especialmente pela Eucaristia. Os encontros com pais, ao longo do processo catequético, tornam-se ocasiões preciosas para interação, reconhecimento e incentivo às famílias quanto à sua missão de ser berço da fé.

No entanto, as famílias precisam ter consciência de que catequese não é um evento ocasional ou temporário, que visa apenas preparar para os sacramentos. Na verdade, a catequese é um processo permanente, isto é, para a vida toda, e a família deverá acompanhar essa caminhada. Por isso, a participação ativa na catequese dos filhos, uma prática religiosa constante, uma vida de oração e um engajamento em atividades sociotransformadoras da comunidade contribuem para formar adultos maduros na fé e para despertar a empatia pelo próximo.

Por fim, é importante mencionar que a Igreja precisa acolher e cuidar das famílias, qualquer que seja sua situação, e inseri-las no processo catequético dos seus filhos, ajudando-as a se aproximarem da comunidade. A participação efetiva das famílias na catequese (ou seja, em todas as atividades e eventos promovidos pela Pastoral Catequética na paróquia) contribui para despertar e amadurecer um senso de comunidade e de pertença.

SOBRE AS CELEBRAÇÕES E OS ENCONTROS CELEBRATIVOS

Celebrar é essencial para o ser humano; é um jeito de expressar e não deixar esquecer o significado daquilo que é celebrado – acontecimentos, pessoas, datas. Celebramos as coisas importantes e, por isso, elas não são esquecidas. Celebrar é isso: tornar célebre, experimentar e mostrar que algo é tão importante que não pode ser esquecido. Celebramos a vida e nosso Deus, seu amor infinito por nós e seu projeto de salvação para toda a humanidade (Calikoski et al., 2023).

As celebrações têm grande importância no âmbito da catequese: sem dúvida, uma catequese celebrativa ajuda a descobrir e sentir a beleza do encontro com o Senhor. Se a catequese conduz ao Mistério de Deus, o sentido desse mistério precisa alcançar a pessoa; assim, tudo na celebração deve contribuir para que ela seja tocada pelo Mistério e faça uma experiência marcante de fé: não há como enraizar o que é motivo de reflexão sem que haja interiorização, agradecimento ou louvor.

> As celebrações na catequese são meios para experimentar a graça divina na simplicidade da flor, na luz da vela, no perfume do incenso, no gesto de ajoelhar-se, na cruz que revela o amor, no refrão de um canto que renova a esperança... Todos esses elementos, sob a forma do simbólico, configuram nossa identidade cristã e conservam a verdade histórica da salvação, que fundamenta o rito, e são muito valiosos no dia a dia da catequese (Calikoski et al., 2023).

Em nossas relações interpessoais precisamos de comunicação e a comunicação precisa de sinais, gestos, objetos e ações significativas. Não é carregado de significado o toque dos pais e mães em seu bebê recém-nascido, que se sentem, assim, mais próximos? O gesto não apenas comunica afeto, mas contribui para formar uma "história" que vai marcando o relacionamento. Assim também é nossa relação com Deus. Olhando para a Escritura Sagrada, vemos que a experiência de Deus é, quase sempre, mediada por sinais, símbolos, gestos ou objetos. Foi assim com Moisés diante da sarça ardente (cf. Ex 3,2), no conforto a Elias no pão e na brisa (cf. 1Rs 19,7.12), na bacia e na água no lava-pés (cf. Jo 13,1-17) ou no toque de Tomé nas mãos e no lado do Senhor (cf. Jo 20,27). Por isso a importância da dimensão celebrativa na catequese que, com seus sinais, símbolos e gestos, colabora para que o Mistério celebrado seja, de fato, interiorizado pelos catequizandos.

Não é exagero afirmar que comunicamos mais sobre os mistérios divinos por meio de sinais, símbolos ou gestos do que falando sobre eles. Por isso, cada celebração deve ser baseada na vida (confrontando vida e fé), centrada na Palavra de Deus e enriquecida por sinais e símbolos, recorrendo a gestos e cantos, ao silêncio e a tudo o que possa colaborar para interiorizar a mensagem. Por exemplo: na catequese, ao falarmos sobre a travessia do Mar Vermelho, narramos a ação de Deus em favor do seu povo, separando as águas do mar para permitir sua passagem. Podemos entender o "nosso Mar Vermelho" como as dificuldades que enfrentamos na vida e que Deus nos ajuda a superar. Nesse contexto, podemos cantar: "se as águas do mar da vida quiserem te afogar, segura na mão de Deus e vai..." Com as palavras do canto colocamos nossa vida na Escritura Sagrada e sentimos a proximidade de Deus: o canto, em um momento celebrativo, ajuda-nos a tomarmos posse do Mistério divino!

COLEÇÃO CRESCER EM COMUNHÃO COM AS FAMÍLIAS

Para enfrentar os desafios presentes nas diferentes realidades atualmente, tendo em vista fortalecer a caminhada catequética de crianças e adolescentes e evangelizar suas famílias, esses volumes da coleção *Crescer em Comunhão* são dirigidos às famílias. O objetivo é ambicioso: transformar a vida das famílias dos catequizandos, motivando-as a fazerem experiências da Palavra de Deus, de forma celebrativa, para que sejam reanimadas na vivência da fé e descubram o prazer da convivência comunitária.

O destaque está em propor uma catequese querigmática e mistagógica. Querigmática, isto é, com o foco em Jesus Cristo, que é apresentado com entusiasmo e como alguém sempre muito próximo da vida concreta das famílias; cada tema foi escolhido para favorecer o encontro pessoal com Jesus Cristo. Mistagógica, ou seja, capaz de conduzir ao Mistério de Deus; por isso, os encontros com pais e responsáveis precisam ser orantes e celebrativos, levando ao encontro com a Pessoa de Jesus Cristo.

Estes volumes têm por base o itinerário catequético definido pela coleção *Crescer em Comunhão*; portanto, são apresentados cinco volumes, cada um deles com encontros sugeridos com pais e responsáveis, que, por sua vez, poderão participar de uma experiência de catequese e acompanhar a caminhada dos catequizandos. A mensagem a ser comunicada é sempre a Boa-nova anunciada por Jesus Cristo, da qual o catequista é porta-voz. Cada tema escolhido está relacionado à realidade da vida das famílias, para que descubram (ou redescubram) como viver sua fé.

ORIENTAÇÕES METODOLÓGICAS

OS TEMAS NESTE VOLUME

Para a caminhada de educação na fé, o primeiro volume da coleção *Crescer em Comunhão* traz à reflexão temas que relacionam o papel da família e o seu envolvimento na dinâmica da catequese e da comunidade. O objetivo é levar o catequizando a descobrir que ele está inserido em uma comunidade de fé, que é sustentada por uma pessoa chamada Jesus Cristo e que essa pessoa é apresentada num livro chamado Bíblia. Neste livro está todo o ensinamento de Jesus Cristo e de como a família deve atuar em sua comunidade.

A proposta para *este volume, dedicado à catequese com as famílias*, está, portanto, sustentada na vivência da *família na comunidade*, destacando que esta é a principal catequista de seus filhos e que ela tem a responsabilidade de conduzi-los para a catequese, participando ativamente da comunidade por meio da missa e de outras atividades realizadas na igreja. A família verá, pelos encontros, que essa missão de orientar os filhos e filhas no Caminho, Verdade e Vida é dada por Jesus Cristo em seus ensinamentos contidos na Bíblia. A proposta é, também, mostrar à família que existe um método eficaz para educar os filhos e filhas na fé: a oração constante, como Jesus nos mostra a partir de sua experiência de oração, por diversas vezes mencionada na Bíblia.

Os quatro encontros deste volume propõem para reflexão:

- A **catequese**, na qual se evidenciará que a família tem responsabilidade pela catequese de seu filho ou filha e que, além de realizar a sua inscrição na catequese, é preciso acompanhar com dedicação e com vivências que testemunham a fé. Há ações importantes que o pai, a mãe e/ou responsáveis precisam realizar para melhor educar a criança ou adolescente na vida religiosa.

- A **comunidade**, esse encontro levará a família a refletir sobre sua pertença e a ação dentro da comunidade para melhorar a vida do próximo. Para isso, a proposta consiste em contribuir para que a família identifique que o individualismo prejudica a todos, e que o melhor caminho é a solidariedade pregada por Jesus Cristo, em que os diversos dons individuais contribuem para o benefício de todos e da comunidade.

- A **Palavra de Deus**, a ser compreendida como um meio de entender e praticar os ensinamentos de Jesus Cristo. Ela é a força que sustenta a família, é o encontro da família com Deus Pai e é por meio dela que Deus fala conosco, orientando-nos e guiando nossa caminhada.

- A **oração**, a ser entendida como um meio para a família educar seu filho ou filha na fé, para desenvolver o diálogo com o Senhor e para estar em unidade com a comunidade que reza. Jesus nos ensina que o Pai-nosso é uma das mais importantes orações e que devemos rezá-la sempre. Ele também nos pede para sermos persistentes em nossa oração.

A ORGANIZAÇÃO DOS ENCONTROS

Para participar dos encontros, é importante conhecer e entender sua organização e o sentido de cada um dos momentos propostos. Neste volume, os encontros estão assim organizados:

Objetivo

Ajuda a compreender o que se quer a partir das reflexões propostas; é importante conhecer o objetivo do encontro para fazer com que ele seja, de fato, alcançado.

Recursos

Indica a relação do que é sugerido para o desenvolvimento do encontro.

Ambientação

Oferece sugestões e orientações para organizar o espaço de maneira adequada ao desenvolvimento do encontro, favorecendo a interiorização das reflexões e o encontro pessoal com Jesus Cristo.

Texto introdutório

Apresenta as ideias essenciais acerca do tema de cada encontro e pistas para a reflexão sobre o texto bíblico proposto. Para os familiares, esse texto introdutório irá ajudá-los a conhecerem e a aprofundarem o tema proposto; para os catequistas-animadores, será um subsídio para ajudá-lo no desenvolvimento do encontro.

Momento celebrativo

Organizado de maneira a favorecer uma dinâmica orante; é composto de:

Orações

Realizadas ao longo do encontro, motivando ou interiorizando reflexões, atividades e vivências.

Reflexões dialogadas

Desenvolvidas a partir de acontecimentos da vida e de um texto bíblico inspirador, em um grande diálogo entre os participantes.

Cantos

Propostos como meios para interiorizar as reflexões e orações do encontro.

A Palavra de Deus ilumina nosso encontro

Leitura e reflexão sobre um texto bíblico que ajuda a perceber a realidade da vida em família e favorece a troca de experiências entre os participantes.

Fé e vida – uma tarefa para a família

Apresenta uma proposta de leitura bíblica e uma pergunta inspiradora para iluminar a reflexão e o diálogo da família após o encontro, em casa.

1

Família:
berço da catequese

☆ Objetivo

Reconhecer a importância da catequese no ambiente familiar.

Recursos

- Uma tarja de papel para cada família com as seguintes citações bíblicas:
    - Cl 3,20-21;
    - 1Tm 5,8;
    - Ex 20,12;
    - Pr 1,8; Pr 22.

(Entregue essa tarja no início do encontro)

- Um cartão postal para cada família, tendo de um lado a imagem da Sagrada Família e, do outro, um texto contendo as seguintes ações:

> - Ir à missa, motivando os filhos mesmo que não queiram ir.
> - Evitar falar mal da Igreja e dos seus membros.
> - Sempre rezar em família (pode ser o terço ou outra oração).
> - Interessar-se pelo que seus filhos estão aprendendo na catequese, se há atividade a ser feita e quem é o catequista que os acompanha.
> - Ler e estudar sobre Deus e a Igreja para responder as perguntas dos seus filhos.
> - Participar das atividades da catequese: reuniões, gincanas, encontros, retiros, entre outras.
> - Ler o texto bíblico, indicado para a liturgia do dia, em família.

Ambientação

Sugere-se organizar no centro da sala de encontro uma mesa com toalha ou um pano no chão. Sobre a mesa ou sobre o pano, colocar: uma Bíblia; a imagem da Sagrada Família e imagens (desenhos ou fotos) de família, dos catequizandos e dos familiares com os filhos, preferencialmente de diferentes configurações familiares.

A família é o berço da catequese. Com essa frase queremos enfatizar a importância da família para a vida religiosa de uma criança ou de um adolescente. É na família que a criança vai se transformando num ser humano capaz de compreender o mundo. É na família que se embala o adolescente, o jovem, o adulto do futuro. É na família que se forma o cristão.

Aos pais e/ou familiares cristãos cabe a responsabilidade pela formação de seus filhos e filhas no seguimento a Jesus Cristo e o dever de assumir a missão de serem os primeiros catequistas, educando as crianças, adolescentes e jovens na fé. É, portanto, compromisso da família cristã, mesmo diante dos desafios do mundo atual, orientar seus filhos guiados pela Palavra de Deus (cf. DNC, n. 238, 240).

É na família que se inicia a formação da comunidade cristã. "Graças à família, a igreja se torna uma família de famílias (DC, n. 226). Quando a educação da fé inicia na família, é possível perceber a importância da catequese doméstica, ou seja, a catequese que se inicia dentro do lar. É na catequese familiar que serão ensinados à criança os valores morais e cristãos, sendo estes o caminho para uma vida feliz e realizada. Também, é a partir da experiência familiar que a criança é inserida na comunidade cristã, na qual se percebe a igreja se tornando uma grande família.

A catequese deveria ser iniciada ainda com a criança no ventre materno, com o esposo e a esposa buscando manter o diálogo como forma de tomar decisões e de resolver as diferenças na forma de pensar e agir, adotando a oração como prática de cultivo da fé e da espiritualidade e, enfim, tomando cuidado com as discussões, palavras e agitos, levando o período da gestação com muito afeto e carinho para que a criança já experimente o amor de Deus e da família antes do nascimento.

A partir da convivência familiar, na primeira infância, a criança moldará a imagem de Deus, que mais tarde será trabalhada na catequese em vista dos sacramentos. A criança, nessa fase, aprenderá na família o que ela vê e vivencia, então, se ela reconhecer e vivenciar a família como espaço de comunhão, de partilha e lugar dos valores cristãos e éticos, ela formará a sua compreensão de um Deus que é amor, partilha e comunhão. O exemplo familiar expõe a responsabilidade da família como educadora da fé, como afirma o Diretório Nacional de Catequese (DNC) em seu n. 239:

a. a família como santuário da vida, na qual se faz a primeira e indispensável experiência do amor, de Deus, da fé, de vida cristã e de solidariedade;

b. o clima familiar propício ao diálogo, ao perdão, à solidariedade, à oração familiar e à participação na comunidade que envolve a criança desde o ventre materno;

c. a valorização dos eventos, festas e celebrações familiares, enriquecendo-os com conteúdo cristão;

d. as oportunidades de formação para que a vida em família seja um itinerário da fé e escola de vida cristã, esforçando-se por se transformar em igreja doméstica;

e. a religiosidade transmitida especialmente pelos avós;

f. a missão dos pais na educação cristã dos filhos, a participação, a colaboração da família na catequese e na comunidade cristã (cf. AS, n. 130; cf. CDC, cân. 793 §1).

Já na idade de participar da catequese, a criança deve ser acompanhada pela sua família, que deve ajudar a Igreja a transmitir os valores da fé cristã e a vivenciá-los. A família deve tomar o cuidado para não repassar ao catequista a responsabilidade da primeira catequese, pois as crianças já devem ter uma base religiosa de uma vida de oração, de participação na missa – entre outras ações – para ser conduzida ao encontro com Jesus Cristo. Ela não pode esquecer de seu papel como uma igreja doméstica, educadora da fé, que ensina aos seus filhos e filhas os valores cristãos e éticos, não deixando que as os atrativos do mundo atrapalhem o papel de pai, de mãe e/ou responsável por alguma criança, como também no processo de sua educação religiosa. A Exortação Apostólica *Familiaris Consortio* do Papa João Paulo II, em seu número 3, já alertava para essa situação:

> Num momento histórico em que a família é alvo de numerosas forças que a procuram destruir ou de qualquer modo deformar, a Igreja, sabedora de que o bem da sociedade e de si mesma está profundamente ligado ao bem da família, sente de modo mais vivo e veemente a sua missão de proclamar a todos o desígnio de Deus sobre o matrimônio e sobre a família, para lhes assegurar a plena vitalidade e promoção humana e cristã, contribuindo assim para a renovação da sociedade e do próprio Povo de Deus.

O pai, a mãe ou o responsável devem ser os catequistas por excelência das crianças para que, ao chegarem na catequese, elas já estejam familiarizadas com os conhecimentos básicos da religião e, assim, possam aproveitar melhor os ensinamentos provenientes da catequese formal comunitária.

Momento celebrativo

ACOLHIDA

Animador 1 – Invoquemos a Santíssima Trindade: em nome do Pai e do Filho e do Espírito Santo. Amém! Para iniciar este momento, vamos acolher alguns símbolos importantes para nós, famílias, cantando.

- Acolhemos a Bíblia, Palavra de Deus em nosso meio.

Canto sugerido: *A Bíblia é a Palavra de Deus* (Frei Fabreti).

- A vela simbolizando a presença de Deus em nosso meio.

Canto sugerido: *Ó Luz do Senhor* (Frei Luiz Turra).

- A imagem da Sagrada Família, modelo para a família cristã.

Canto sugerido: *Olhando a Sagrada Família Jesus, Maria e José* (José Acácio Santana).

Animador 1 – O amor, o respeito, o compromisso, a verdade, o testemunho, o aprender sobre Deus e a Igreja são valores que se adquirem no ambiente familiar. Precisam ser ensinados e cultivados para não serem apagados da vida, principalmente, da criança, de tal forma que as propostas egoístas e materialistas apresentadas pela sociedade em que vivemos não consigam influenciar na mudança desses valores. A família cristã católica tem o compromisso não apenas de ensinar os valores cristãos, mas de praticá-los, sendo, para seus filhos, o berço da fé.

Animador 2 – Irmãos e irmãs, muitas vezes nos ofendemos em família, rompendo com o compromisso de praticar os valores cristãos. Quando isso ocorre é preciso lembrar que a família é lugar do perdão e da paz, valores essenciais para manter a unidade. No íntimo do nosso coração, lembremo-nos dos erros, dos pecados que nos levam a dividir nossas famílias, que nos levam a ser impacientes com os filhos e pais, enfraquecendo, assim, o amor dentro de nossas famílias. Fiquemos um momento em silêncio pensando em nossas atitudes. Simbolizando que estamos aqui para nos fortalecer como famílias que se guiam pelo amor de Deus, reunidos, abracemo-nos enquanto cantamos um canto de perdão.

Canto – à escolha.

CONVITE À ORAÇÃO

Animador 1 – Irmãos e irmãs, elevemos a Deus nossos pedidos. A cada invocação respondamos *todos*.

Todos – *Eu e minha família serviremos ao Senhor. Deus, atendei nossos pedidos.*

Animador 2 – Para que o Deus da vida leve nossa família a ser o berço da fé, transformando-a numa verdadeira igreja doméstica, roguemos ao Senhor.

Animador 1 – Para que o Deus da vida aumente o desejo em nós de transformarmos a nossa família num lugar privilegiado de amor, perdão e catequese, a exemplo da Sagrada Família, roguemos ao Senhor.

Animador 2 – Para que o Deus da vida nos ajude a ter confiança e coragem para formar os filhos e filhas nos valores do Evangelho, levando-nos a ser exemplos de cristãos, roguemos ao Senhor.

COMPREENDER PARA AMAR

Animador 1 – Cada família receberá uma tarja de papel com citações bíblicas e deverá ler os textos e responder as questões propostas para, depois, compartilhar com o grupo.

- **Questão 1:** no texto e na citação bíblica há várias dicas de como educar seu filho(a) na fé. Escreva uma dica do texto e uma das citações bíblicas.
- **Questão 2:** discuta em família qual é a função do pai, da mãe e/ou responsável pela catequese de seu filho(a).

Mãe – Tanto na Bíblia como nos documentos que os papas escreveram sobre família e catequese se reforça a importância de todos os membros da família, principalmente dos pais e/ou responsáveis, na educação religiosa de seus filhos. Para isso, essas pessoas devem se comprometer com algumas ações:

- Ir à missa, motivando os filhos mesmo quando não queiram ir.
- Evitar falar mal da Igreja e dos seus membros.
- Sempre rezar em família (pode ser o terço ou outra oração).
- Interessar-se pelo que seus filhos estão aprendendo na catequese, se há atividade a ser feita e quem é o catequista que os acompanha.
- Ler e estudar sobre Deus e sobre a Igreja para responder as perguntas de seus filhos.
- Participar das atividades da catequese: reuniões, gincanas, encontros, retiros, entre outras.
- Ler o texto bíblico, indicado para a liturgia do dia, em família.

Animador 2 – Queridas famílias, cada uma de vocês receberá um cartão, que poderá servir de marca páginas para este livro, para que essas ações possam ser refletidas e delas possam se recordar em seu dia a dia.

A PALAVRA DE DEUS ILUMINA NOSSO ENCONTRO

Animador 1 – Pais e filhos devem ter uma relação de respeito mútuo, na qual a união dentro da família faz com que todos sejam capazes de contribuir para ter uma vida feliz e longa. Vamos ouvir o que nos diz a carta aos Efésios.

Canto de Aclamação: à escolha.

(Durante o canto de aclamação, retire a Bíblia que está sobre a mesa, pois dela será proclamada a Palavra; se for necessário, o texto já pode estar indicado com um marcador de página.)

Leitura da Carta de São Paulo aos Efésios – Ef 6,1-4.

Leitor – Palavra do Senhor.

Todos – Graças a Deus.

Animador 1 – Convido vocês para uma breve reflexão sobre a Palavra proclamada. Atualmente, percebemos cada vez mais filhos brigando com os pais, recusando-se a receber a educação oferecida e devida para cada idade, considerando-os desatualizados e desvalorizando suas orientações. Como pais e responsáveis, o que é preciso fazer para evitar tais comportamentos? Como podemos instruir os filhos para que o respeito e a harmonia familiar se mantenham apesar das diferenças de opinião?

(Silêncio para reflexão pessoal e para a partilha.)

Animador 1 – O ser humano sempre está à procura da felicidade e de ter vida longa na Terra. Nós também queremos ser felizes e viver muito aqui neste mundo. *O que faço em família para que isso aconteça?*

(Silêncio para reflexão pessoal e para a partilha.)

Animador 1 – A educação dos filhos e filhas é uma das tarefas mais difícil dentro de uma família. Com as inúmeras atribuições que os pais assumem em âmbito social, profissional, assim como diante dos apelos mundanos com os quais não sabem lidar, alguns se sentem perdidos e acabam delegando a tarefa de educação de seus filhos para outra pessoa ou permitem que alguma rede social cumpra esse papel. O que os pais podem fazer para serem mais presentes na vida de seus filhos e envolvê-los mais na dinâmica familiar? Como se organizar de maneira que seja possível construir com os filhos momentos afetivos e educativos?

(Silêncio para reflexão pessoal e para a partilha.)

Animador 1 – Uma família, para se tornar um verdadeiro exemplo de família cristã, precisa se guiar pelos valores do Evangelho ensinados por Jesus, tendo presente em sua dinâmica o cultivo de atitudes que expressem o amor, o respeito, a solidariedade e a justiça. Como a sua família ensina e cultiva os valores cristãos em sua dinâmica junto aos filhos?

(Silêncio para reflexão pessoal e para a partilha.)

Animador 1 (mostrando aos participantes a imagem da Sagrada Família) – Convicto de que o desejo de nossa família é ser um verdadeiro lugar de catequese para os filhos e filhas, inspirando-se na Sagrada Família rezemos:

> Jesus, Maria e José, em Vós contemplamos o esplendor do verdadeiro amor, confiantes, a Vós nos

consagramos. Sagrada Família de Nazaré, tornai também as nossas famílias lugares de comunhão e cenáculos de oração, autênticas escolas do Evangelho e pequenas igrejas domésticas. Sagrada Família de Nazaré, que nunca mais haja nas famílias episódios de violência, de fechamento e divisão; e quem tiver sido ferido ou escandalizado seja rapidamente consolado e curado. Sagrada Família de Nazaré, fazei com que todos nos tornemos conscientes do caráter sagrado e inviolável da família, da sua beleza no projeto de Deus. Jesus, Maria e José, ouvi-nos e acolhei a nossa súplica. Amém (Francisco, 2016, p. 325).

Canto sugerido – É no campo da vida (Padre Antônio Maria).

 ORAÇÃO FINAL

Animador 2 – Queridos irmãos e irmãs, estamos na direção de uma família comprometida em viver os valores do Evangelho. Para chegarmos perto desse ideal familiar a exemplo da Sagrada Família, rezemos juntos:

Todos – Sagrada Família, Jesus, Maria e José, pedimos a vossa proteção. Tornai minha família um lugar de união, paz e compreensão dos ensinamentos evangélicos. Fazei com que a minha família seja o berço da fé para as crianças. Ajudai-me a instruir meus filhos e filhas no Caminho, Verdade e Vida. Amém.

Animador 2 – Que o Senhor Deus abençoe cada pessoa e cada família que aqui está. Em nome do Pai e do Filho e do Espírito Santo.

Todos – Amém.

Animador 2 – Jesus, manso e humilde de coração.

Todos – *Fazei o nosso coração semelhante ao vosso.*

Canto sugerido – *Utopia* (Padre Zezinho).

 FÉ E VIDA – UMA TAREFA PARA A FAMÍLIA

Vocês – pai e mãe ou responsável – receberam um cartão postal cujo verso tem algumas ações de como podemos educar nossos filhos e filhas na religião. O nosso compromisso é fazermos o esforço de realizar essas ações em nossa família a partir de hoje.

2

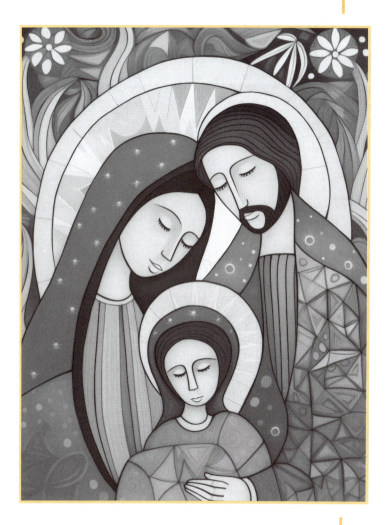

Comunidade:
lugar de missão

☆ Objetivo

Compreender que cada família é uma parte importante da comunidade para a edificação da Igreja de Cristo.

📑 Recursos

- Foto ou imagem da igreja da sua comunidade.

- Um cartaz grande com a fachada de uma igreja, deixando as paredes em branco para as famílias colocarem seu tijolinho. Acima dessa igreja, escrever a frase: "Na comunidade de Jesus havia oração, partilha e comunhão".

- Uma folha em tamanho pequeno com o desenho de um tijolo.

- Letra da música *Oração pela Igreja* (Padre Zezinho).

🌼 Ambientação

Prepare uma mesa coberta com um tecido no centro da sala e, sobre ela, coloque uma imagem de Jesus Cristo, cercada por flores, uma vela, a foto ou a imagem da igreja e um cartaz com o desenho da fachada da igreja, de forma bem visível.

A catequese está a serviço da comunidade. Mas o que é comunidade? O dicionário Michaelis define a palavra comunidade como "um conjunto de pessoas que vivem numa mesma região, com o mesmo governo, e que partilham as mesmas tradições históricas e/ou culturais. Qualquer conjunto de indivíduos ligados por interesses comuns (culturais, econômicos, políticos, religiosos etc.) que se associam com frequência ou vivem em conjunto". A comunidade cristã também tem a sua organização e seus interesses em comum: o batismo de onde se inicia o seguimento a uma pessoa: Jesus Cristo; a valorização do bem e o combate ao mal; tarefas comunitárias e a fé no Deus Uno e Trino.

Jesus Cristo organizou uma comunidade escolhendo doze pessoas para iniciar a sua missão no meio de nós. Esses doze se transformaram em muitos e formaram a comunidade cristã, a partir da qual se constitui a Igreja que reúne as pessoas para viverem em comunhão. Portanto,

> A comunidade cristã é a origem, o lugar e a meta da catequese. É sempre da comunidade cristã que nasce o anúncio do Evangelho, que convida os homens e as mulheres à conversão e a seguirem Cristo (DGC, n. 254).
>
> Os membros da comunidade cristã devem fazer a experiência concreta da misericórdia de Deus, onde é "possível o exercício do acolhimento mútuo e do perdão" (DC, n. 133).

A família está inserida numa comunidade de fé e precisa saber conviver com as pessoas, de acordo com os valores do Evangelho, superando o individualismo e o fechamento em si que dificulta a fraternidade e a vida comunitária.

Na comunidade cristã, o espírito de cooperação, o sentimento de pertença e de ajuda mútua entre as pessoas deve estar em evidência. Os membros da comunidade precisam ser exemplos dos ensinamentos de Jesus Cristo tornando-os evidentes nas suas atitudes. As famílias evidenciam sua pertença ao se unir à comunidade para valorizar as suas ações e de suas pastorais, e ao apoiar a catequese como espaço de educação da fé e formação de seus membros, dos discípulos do Senhor. Isso porque, somente os catequistas não darão conta desse processo, eles precisam da comunidade para que a catequese tenha êxito.

Nós pertencemos a uma comunidade: a Igreja Católica. A união é a principal qualidade dentro de uma comunidade, pois ela nos leva a participar com alegria e entusiasmo na construção de uma sociedade solidária e a se preocupar com os necessitados.

Na comunidade de Jesus havia oração, partilha e comunhão: "Repartiam-se, então, a cada um segundo sua necessidade" (cf. At 4,35) e todos tinham "um só coração e uma só alma" (cf. At 4,32). Nós também somos convidados a ser um só coração e uma só alma participando ativamente da nossa comunidade, envolvendo-se nas atividades da nossa Igreja.

Momento celebrativo

ACOLHIDA

Animador 1 – Neste momento, vamos pedir a proteção e a inspiração do Espírito Santo para a nossa comunidade dizendo: em nome do Pai e do Filho e do Espírito Santo. Amém.

Animador 2 – A comunidade é o lugar em que homens e mulheres fazem a experiência de viver conforme os ensinamentos de Jesus. Nela se reúnem para conversar, celebrar e se alimentar da Palavra de Deus.

Canto sugerido – *Nossa fé nos reuniu* (Padre Zezinho).

CONVITE À ORAÇÃO

Animador 1 – Irmãos e irmãs que bom estarmos reunidos para participar desse momento celebrativo e de encontro das famílias de nossa comunidade. Juntos rezemos. Depois de cada invocação, respondemos cantando:

Todos – *Vem Espírito Santo, vem, vem iluminar.*

Leitor 1 – Que o Espírito Santo ilumine todas as famílias de nossa comunidade para que sempre estejam mais atentas aos valores do Evangelho. Rezemos.

Leitor 2 – Que o Espírito Santo proteja a todos da comunidade das drogas e outros males que assolam a sociedade nos dias de hoje. Rezemos.

35

Leitor 3 – Que nossos filhos e filhas sejam protegidos pelo Espírito Santo das armadilhas dos inimigos e para que vivam saudáveis de mente e corpo. Rezemos.

Leitor 4 – Que o Espírito Santo conforte os doentes em sua dor e console os seus familiares para que encontrem forças para superar o momento difícil. Rezemos.

Leitor 5 – Que nossa comunidade esteja sempre unida para que os ensinamentos de Jesus Cristo estejam presentes em nossas ações e cada vez mais visíveis em nosso meio. Rezemos.

COMPREENDER PARA AMAR

Animador 1 – Em uma construção, cada tijolo é importante e contribui para a edificação. Nesse momento, cada família receberá um papel com o desenho de um tijolo e é convidada a olhar para essa imagem buscando identificar como cada um de seus membros é importante na edificação da família e da comunidade.

(Reserve tempo para o grupo refletir.)

Animador 2 – Após esse momento de reflexão, vamos conversar sobre a seguinte questão: o que, concretamente, cada família desse grupo pode fazer para ajudar a comunidade a ser mais unida, solidária e participativa? Então, escrevam a resposta no tijolo com o nome dos familiares que estão participando do encontro.

Animador 1 – Somos convidados a olhar o cartaz com a fachada da igreja. Está em branco, os tijolos que ajudam a mantê-la em pé estão cobertos, mas sem eles essa fachada não existiria, assim como sem as ações dos membros da comunidade muitas coisas não poderiam ser realizadas. Nesse momento, vamos completar essa fachada colocando o desenho do tijolo com nossas respostas sobre como a família pode ajudar a comunidade. Enquanto isso, cantamos.

(Alguém do grupo levará o tijolo para o painel.)

Canto sugerido – *Oração pela Igreja* (Padre Zezinho).

Animador 2 – Cada família é um tijolinho da igreja de Cristo e todos nós devemos participar ativamente dessa comunidade.

 ## A PALAVRA DE DEUS ILUMINA NOSSO ENCONTRO

Canto de Aclamação: à escolha.

(Durante o canto de aclamação, retire a Bíblia que está sobre a mesa, pois dela será proclamada a Palavra; se for necessário, o texto já pode estar indicado com um marcador de página.)

Leitura do Livro de Atos dos Apóstolos – At 4,32-35.

Leitor – Palavra da Salvação.

Todos – *Glória a Vós, Senhor.*

Animador 1 – Em nossas Bíblias, vamos ler mais uma vez, em silêncio, o texto proclamado. Após a leitura, cada um deve rezar em voz alta o versículo que mais lhe chamou a atenção.

(Aguarde alguns minutos para a leitura pessoal.)

Animador 1 – O que o texto diz a cada um de nós?

(Realize uma partilha.)

Animador 1 – Vamos novamente fazer a leitura do texto.

(Dê um tempo para a leitura.)

Animador 2 – Nos Evangelhos há várias passagens que mostram Jesus realizando uma vivência de comunidade: nas Bodas de Caná, na multiplicação dos pães, ao escolher os doze discípulos, entre outros. O Livro dos Atos dos Apóstolos também descreve a vida em comunidade entre os primeiros cristãos, revelando que eram perseverantes no ensinamento dos apóstolos, porque sabiam que a convivência com Jesus os levou a aprender o seu jeito de ser e viver, sendo eles, mais tarde, os que ensinavam às comunidades o que aprenderam com o Mestre.

Animador 1 – (mostrando a imagem ou a foto da igreja da comunidade.) O desejo de Deus é que a nossa comunidade seja um só coração e uma só alma. Vamos rezar para que nossa comunidade seja um verdadeiro lugar de solidariedade e testemunho de Jesus Cristo:

Todos – Senhor, Vós nos chamastes a viver em comunidade, pedimos forças para transformar o vosso pedido em ação. Queremos ser testemunhas da verdade e do amor do vosso Filho, Jesus Cristo. Ajudai-nos a construir uma comunidade fraterna que gera amor e perdão. Senhor, que cada um de nós sinta as necessidades do próximo, tendo compaixão para transformar o sofrimento em vida. Ajudai-nos a fortalecer a comunidade para que seja um sinal da vossa presença no mundo e que a Páscoa seja uma festa cotidiana no meio de todos. Amém.

ORAÇÃO FINAL

Animador 1 – A comunidade é o lugar de sermos discípulos missionários do Senhor. É o lugar onde está o nosso próximo. Pense em alguém que precise de uma oração, de uma ajuda, e traga essa pessoa para nosso encontro em seu coração (Pausa). Rezemos uma Ave Maria e um Pai-nosso por ela.

Animador 2 – A nossa comunidade tem muitos serviços: catequese, liturgia, pastorais e movimentos. Eu, como membro dessa comunidade, tenho utilizado os meus talentos para atuar na comunidade? (Pausa). Rezemos uma Ave Maria e um Pai-nosso para que Deus nos ilumine a atuar para o bem da comunidade.

Animador 2 – A catequese é um dos serviços em nossa comunidade e atende, principalmente, crianças e adolescentes. Eles são inscritos pelos pais ou responsáveis. Você, como pai, mãe ou responsável, cumpre com o que a catequese exige para que seu filho venha a ser um futuro discípulo missionário de Jesus? (Pausa). Rezemos uma Ave Maria e um Pai-nosso para que Deus nos dê sabedoria para melhor conduzir nosso filho ou filha no Caminho, Verdade e Vida.

Animador 1 – O Senhor Esteja conosco!

Todos – *Ele está no meio de nós!*

Animador 1 – A benção de Deus todo Poderoso, Pai, Filho e Espírito Santo desça sobre nós e permaneça para sempre.

Todos – *Amém!*

FÉ E VIDA – UMA TAREFA PARA A FAMÍLIA

Em família, releia o texto de At 4,32-35. Meditando esse texto, analise:

- Qual é o meu papel na comunidade?
- O que eu posso fazer para ajudar a minha comunidade? Assuma um compromisso diante dos vários serviços que temos na Igreja.

3

A família e a Palavra de Deus

☆ Objetivo

Compreender que a Palavra de Deus é um meio para se chegar à felicidade por meio de seus ensinamentos.

📄 Recursos

- Um marcador de página ou cartão tipo postal tendo, de um lado, a imagem da Bíblia e, do outro, a oração de encerramento da Leitura Orante, para cada participante.

- Um coração grande, de isopor ou outro material, pintado de vermelho.

- Um cartaz com a seguinte frase: "Bíblia na mão, no coração e pés na missão".

- Tarjas de papel com as seguintes citações bíblicas: Sl 119,103; Hb 4,12; Sl 119,105; 2Tm 3,16-17; Mt 7,24-26; Lc 8,11-15; Jr 23,29; Dt 32,2; Mt 4,4; Sl 119,89; Pr 30,5; Sl 33,4; Jr 15,16.

❀ Ambientação

Prepare uma mesa com uma toalha amarela, duas velas, um vaso de flor natural e uma Bíblia. Na frente da mesa, coloque o cartaz com a frase: "Bíblia na mão, no coração e pés na missão". No chão, em frente à mesa, coloque o coração de isopor.

A Bíblia é a Palavra de Deus. Ela é o alimento e a força da Igreja e, principalmente, da família.

> Na Sagrada Escritura, a Igreja encontra incessantemente seu alimento e força, pois nela não acolhe somente uma palavra humana, mas o que ela é realmente: a Palavra de Deus. Com efeito, nos Livros Sagrados o Pai que está nos céus vem carinhosamente ao encontro de seus filhos e com eles fala (CIgC, n. 104).

A Bíblia é considerada uma biblioteca, pois ela contém 73 livros, divididos em duas partes: Antigo Testamento (AT) e Novo Testamento (NT). O Antigo Testamento contém 46 livros que contam toda a história da salvação, iniciando com a história das origens, passando pelos Patriarcas, Juízes, Reis e Profetas, foi escrito antes da chegada de Jesus. No AT encontra-se a história do povo que foi escolhido por Deus para ser o povo eleito. A Bíblia ajuda o povo a viver conforme o desejo de Deus e é por ela que temos acesso ao que Deus ensina e orienta o seu povo e, também, orienta-nos hoje, para continuar a lutar e a viver sem nunca desanimar.

O Novo Testamento contém 27 livros e está dividido em Evangelhos, Ato dos Apóstolos, Cartas e Apocalipse. Foi escrito depois da chegada de Jesus. No NT encontra-se a história de uma pessoa: Jesus Cristo, das primeiras comunidades cristãs e todo o trabalho de evangelização dos apóstolos. Para facilitar a leitura da Bíblia, os 73 livros estão divididos em capítulos e versículos.

A Bíblia, com todos seus livros, é um meio de conhecermos a Deus e sua presença na vida do povo. Ainda, é na Bíblia que encontramos os ensinamentos de seu Filho, Jesus Cristo que nos ensina sobre o Deus Pai e sobre como participar do seu projeto de amor. Assim, diante de um questionamento muito frequente que os pais fazem que é: como falar de Deus para meus filhos? A resposta para essa pergunta é simples: por meio da Bíblia. Para isso, é preciso que no ambiente familiar recebam os primeiros ensinamentos sobre Deus, sobre quem é Jesus. E é na Bíblia que os pais encontrarão o caminho para ensinar os seus filhos sobre Deus e qual é a sua proposta para nossas vidas como seus filhos e filhas. O Senhor, na Bíblia, já nos mostra o caminho para uma educação cristã saudável, vejamos:

> Ouve, Israel, o Senhor, nosso Deus, é o único Senhor. Amarás o Senhor teu Deus com todo o teu coração, com toda a tua alma e com todas as tuas forças. E trarás gravadas em teu coração todas estas palavras que hoje te ordeno. Tu as repetirás com insistência aos teus filhos e delas falarás quando estiveres sentado em tua casa, ou andando pelos caminhos, quando te deitares, ou te levantares (Dt 6,4-7).

A Bíblia é a luz para iluminar o caminho da família, caminho esse lardeado pelos ensinamentos de Jesus Cristo contido no Livro Sagrado. Mas onde está esse Livro Sagrado, a Bíblia, em nossa casa? Ela está exposta numa estante, numa prateleira, para pegar pó e ficar com as páginas amareladas? Ela está num lugar de destaque e é utilizada para lermos e aprendemos juntos com nossos filhos? Temos que refletir e ver o que estamos fazendo com a Palavra de Deus em nossas casas.

O conteúdo da Bíblia está presente em muitos momentos de nossas vidas: na catequese, nas missas, nas celebrações da comunidade, nas novenas de Natal e, principalmente, em nossas orações. Precisamos inserir em nossa rotina familiar a Leitura Orante da Palavra, para darmos sentido a nossas orações em família, aproximamo-nos do que se diz na Bíblia sobre os valores e a ética cristã, mostrando às nossas crianças e adolescentes o caminho para chegarmos à felicidade.

Momento celebrativo

ACOLHIDA

Canto sugerido – *Toda Bíblia é comunicação* (Padre José Cândido).

Animador 1 – A Bíblia é o livro que contém a Palavra de Deus. Vamos pedir a inspiração do Espírito Santo para podermos compreender e valorizarmos mais a Palavra de Deus: em nome do Pai e do Filho e do Espírito Santo. Amém!

Animador 2 – A Palavra de Deus alimenta a fé e faz crescer a comunhão entre os cristãos. Acolher a Palavra de Deus é acolher os seus ensinamentos em nossas vidas. Pedimos ao Espírito Santo para que a sabedoria presente na Sagrada Escritura nos inspire para darmos testemunho de nossa fé, rezando:

Todos – Ó Espírito Santo, *amor do Pai e do Filho! Inspirai-me sempre aquilo que devo pensar, aquilo que devo dizer, como eu devo dizê-lo, aquilo que devo calar, aquilo que devo escrever, como eu devo agir, aquilo que devo fazer, para procurar a vossa glória, o bem das almas e minha própria santificação* (Calikoski, 2019, p. 52).

CONVITE À ORAÇÃO

Animador 2 – A Palavra de Deus é o sol que ilumina o caminho que percorremos nessa vida rumo ao Criador. Com essa luz podemos compreender melhor a nossa família, a nossa comunidade. Pedimos a Deus que essa luz nos traga a paz, a alegria e a felicidade. Rezemos.

Todos – *Espírito Santo, iluminai nossos cominhos e ideias.*

Animador 1 – Em nossa vida temos muitas dificuldades, sofrimentos, dúvidas e medo. Vamos agora olhar para nossa Bíblia e buscar reconhecer nela a força que precisamos para vencer os obstáculos que aparecem em nosso caminho (Pausa). Pedimos a Deus força para vencermos todas as situações que nos afastam do verdadeiro Caminho que é Jesus Cristo. Rezemos.

Todos – *Espírito Santo, iluminai nossas angústias e incertezas.*

Animador 2 – Na Palavra de Deus está a história de muitas pessoas que, com muita fé e confiança em Deus nos revelam todos os valores cristãos necessários para termos uma vida pautada pelos ensinamentos do nosso Mestre Jesus Cristo. Pedimos a Deus que ilumine nossas ações e decisões e ensina-nos a vivermos em comunhão, ajudando e amando o próximo como a nós mesmos, a exemplo de Jesus Cristo. Rezemos.

Todos – *Espírito Santo, iluminai nossas famílias e nossa catequese.*

COMPREENDER PARA AMAR

Animador 1 – Nesse momento, cada um é convidado a pegar a papeleta que recebeu com uma citação bíblica, encontrar essa citação na Bíblia e realizar a sua leitura silenciosamente. Depois, copiar na mesma papeleta o que te chamou atenção da citação, pode ser o versículo todo ou uma parte do versículo. Então, pode-se compartilhar lendo para todos a sua escolha.

(O animador auxiliará nessa atividade.)

Animador 2 – Agora vamos reler o texto introdutório para o estudo do encontro que fala sobre a Bíblia e copiar na papeleta da citação (pode ser no verso) uma frase que orienta sobre como os pais ou responsáveis podem utilizar a Bíblia para ensinar seus filhos o caminho da felicidade. Para a escolha dessa frase, verifique se ela tem ligação com a frase da citação bíblica. Se quiser, peça auxílio ao catequista.

Animador 1 – Após ter escrito a frase do texto na papeleta, leve-a até o coração que está na ambientação. Quando terminar o encontro, pegue a sua papeleta, coloque-a no meio da sua Bíblia e recorra a ela sempre que precisar recordar o que escreveu para iluminá-lo sobre o que é preciso fazer para ensinar seus filhos usando a Bíblia como fonte.

A PALAVRA DE DEUS ILUMINA NOSSO ENCONTRO

Canto de Aclamação: à escolha.

(Durante o canto de aclamação, retire a Bíblia que está sobre a mesa, pois dela será proclamada a Palavra; se for necessário, o texto já pode estar indicado com um marcador de página.)

Leitura da Primeira Carta de São Pedro – 1Pd 1,22-25.

Leitor – Palavra do Senhor.

Todos – Graças a Deus.

Animador 1 – A Palavra de Deus permanece para sempre, ela é a Boa-nova revelada a todos. Leia o texto pausadamente.

(Aguarde alguns minutos para a leitura pessoal.)

Animador 1 – Vamos escolher uma palavra ou frase que mais chamou atenção no texto lido e, então, leremos essa palavra ou frase.

Animador 1 – Vamos reler o texto e prestar atenção no que o texto diz a cada um de nós?

(Realize uma partilha.)

Animador 2 – Olhando para o texto bíblico, vamos refletir: quais ensinamentos que levo a partir dessa Palavra? O que posso mudar para melhorar a minha vida e da minha família a partir desse texto?

(Realize uma partilha.)

Animador 2 – A Palavra de Deus nos oferece um belo propósito de vida: *amar o próximo à maneira de Deus, sem fingimento*. Deus nos pede, por meio de sua Palavra, que é Jesus Cristo, para não tolerarmos a indiferença, a insensibilidade e o egoísmo, pois o amor é a marca da nova vida em Cristo. Pedro nos diz que a nossa carne vai morrer e ele diz isso fazendo uma comparação com uma flor ou erva, que são exuberantes, belas, mas que, com o passar do tempo, secam e ficam feias. No entanto, a Palavra de Deus permanece para sempre (cf. 1Pd 1,24-25). Para encerrar esse momento vamos rezar a seguinte oração:

> Jesus, meu Mestre e Senhor, agradeço pelo belo presente que nos destes: o Santo Livro, a Bíblia. Vossa Palavra é luz para a minha vida, é o porto seguro para os momentos de tristezas e alegrias. Jesus, que através do Espírito Santo, eu compreenda e acolha a tua santa Palavra, que eu te conheça, que eu te ame, que eu te sirva, para poder fazer-te conhecer, fazer-te amar e fazer-te servir. Amém (Calikoski, 2019, p. 60).

Canto sugerido – *A Bíblia é a Palavra de Deus* (Frei Fabreti).

ORAÇÃO FINAL

Animador 2 – A Bíblia nos mostra o coração puro de Jesus. Olhe para seu coração, tente visualizar o que tem nele: Pureza? Amor? Paz? Infidelidade? Raiva? Egoísmo? Caso contenha atitudes boas, peça no seu íntimo a Deus perseverança para continuar no caminho da Palavra que está na Bíblia. Caso tenha em seu coração atitudes ruins, peça força a Deus para transformar seu coração. Rezemos.

Todos – *Jesus, fazei meu coração semelhante ao vosso.*

Animador 2 – Na Bíblia, Jesus nos diz que para alcançarmos a felicidade devemos amar o próximo. Pense em sua comunidade, tente identificar quem está precisando de ajuda, seja material, física ou espiritual. O que estou fazendo para essa pessoa? Qual minha atitude perante o necessitado que pode expressar meu amor ao próximo? No seu íntimo, peça a Deus mais compaixão no coração para poder observar e ajudar as pessoas que necessitam. Rezemos.

Todos – *Jesus, fazei com que eu seja mais solidário com a minha comunidade.*

Animador 2 – Jesus, na Bíblia, diz que Ele é a Verdade, o Caminho e a Vida. Olhe para sua vida em família e procure encontrar respostas às seguintes questões:
- Tente identificar: qual é a verdade que estou praticando?
- Pratico a verdade do mundo ou a verdadeira Verdade, que é Jesus?
- Qual caminho estou seguindo: o caminho que me leva para o abandono de minha família ou o verdadeiro Caminho, que é Jesus, que orienta a viver em unidade?

49

- Qual vida valorizo: a morte do respeito às diferenças, da vida com valores humanos e religiosos, que prega a sociedade ou valorizo a verdadeira Vida, que é Jesus e orienta a cuidar do próximo sem preconceitos, com respeito? No seu íntimo peça a Deus para que encontre a Verdade, o Caminho e a Vida, isto é, Jesus, como um meio para chegar à verdadeira felicidade. Rezemos.

Todos – *Jesus, fazei com que eu seja fiel à sua Verdade, que eu caminhe o seu Caminho e que viva a sua Vida.*

Animador 2 – Jesus é a Palavra de Deus. Olhe para sua vida e tente ver qual palavra estou seguindo. Sigo a palavra do mercado, do mundo do prazer imediato, ou sigo a verdadeira Palavra de Deus, que é Jesus, por meio dos ensinamentos contidos na Bíblia? Olhe para sua Bíblia, segurando-a. Rezemos juntos.

Todos – *Jesus, que eu seja mais fiel à sua Palavra, que eu não deixe a Bíblia criando pó na estante ou numa mesa, que eu seja mais perseverante na Leitura Orante da Bíblia, que eu faça da Palavra de Deus a luz para guiar o meu caminho e o da minha família. Amém!*

FÉ E VIDA – UMA TAREFA PARA A FAMÍLIA

Em família, releia o texto de 1Pd 1,22-25. Meditando esse texto em sua casa, discuta com as outras pessoas que vivem com você como ser mais obediente ao ensinamento contido na Bíblia e como fazer para ensinar às crianças e aos adolescentes o caminho da verdadeira felicidade.

4

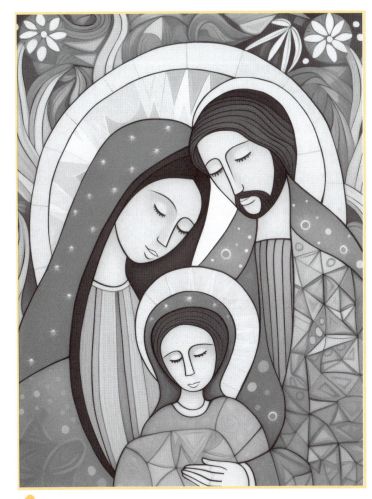

A oração,
o diálogo e a união da família com Deus

☆ Objetivo

Compreender que a oração é o caminho para o diálogo com Deus e que nos ajuda a manter nossa família unida.

📄 Recursos

- Cola.

- Folhas de papel com as seguintes questões e citações: "Como e por que devemos orar? (Mt 6,5-13)", "Como e por que devemos orar? (Mc 11,22-25)", "Como é a pessoa que costuma rezar? (Rm 12,10-21)" e "Para que serve a oração e a Palavra de Deus? (Ef 6,10-20)".

- Tarjas de papel com as partes do Pai-nosso. Cf. modelo no Anexo 1.

- Preparar sete faixas de papel Kraft com as frases indicadas e de acordo com a orientação apresentada no Anexo 2.

❀ Ambientação

Prepare uma mesa com a Bíblia, flores naturais, uma vela e uma imagem de Jesus.

A oração é um meio de chegar até Deus. É um momento de intimidade com Ele. Jesus Cristo, quando tinha que tomar uma decisão muito importante, retirava-se para rezar, fosse de dia ou à noite, mostrando aos seus discípulos que tinha uma relação íntima com Deus. Papa Francisco, no Angelus Dominical do dia 9 de janeiro de 2022, disse-nos: "A oração é a chave que abre o coração do Senhor. É dialogar com Deus, é ouvir a sua Palavra, é adorar... É gritar a Ele como Jó, para desabafar com Deus. Ele nos entende bem, jamais fica bravo conosco" (Francisco, 2022a).

Jesus, quando voltou de um dos seus momentos de oração para perto dos discípulos, um deles perguntou: "Senhor, ensina-nos a rezar, como João ensinou a seus discípulos" (Lc 11,1). E Jesus ensinou uma das mais belas orações, o Pai-nosso, recitada por muita gente em seu dia a dia, tendo a graça de chamar Deus de Pai. Vejamos o que Ele ensinou a dizer:

> Pai Nosso que estais nos céus,
> santificado seja o vosso nome,
> venha a nós o vosso Reino,
> seja feita a vossa vontade
> assim na terra como no céu.
> O pão nosso de cada dia nos daí hoje,
> perdoai-nos as nossas ofensas
> assim como nós perdoamos
> a quem nos tem ofendido,
> e não nos deixeis cair em tentação,
> mas livrai-nos do mal.

Mas a que se relaciona cada parte dessa belíssima oração? Relaciona-se ao comprometimento com os princípios do Reino de Deus, à fé num Deus que é Pai, que não abandona os filhos em nenhum momento, à confiança que deposito no Criador, à partilha, à solidariedade e à esperança.

O Papa Francisco (2022b) nos diz que a oração é um remédio para aquecer a nossa fé e que, por isso, devemos praticá-la constantemente. Dessa maneira, ele nos orienta a alimentar a fé com a oração, realizando-a em todos os momentos do nosso dia a dia: ao acordar e após realizar alguma atividade, mantendo-nos conectados com o Senhor. A oração, além de ser um remédio, serve como alimento para a nossa fé e para nossa vida. Ela nos ajuda a permanecer firmes espiritualmente para o desenvolvimento de nossas atividades diárias. Está com problemas para resolver? Reze. Está alegre devido a uma conquista? Reze. Está em dúvida de como ser solidário? Reze. No entanto, como diz o Papa Francisco, essa oração precisa ser constante, diária, ao levantar-se, ao alimentar o físico, ao iniciar o seu trabalho diário e ao deitar-se.

Momento celebrativo

ACOLHIDA

Animador 1 – A oração é um meio de dialogar com o Senhor. Praticá-la nos torna íntimos de Deus. A vida de oração nos coloca na presença e em comunhão com Ele e nos ajuda a crescer no seu amor. Invoquemos a Santíssima Trindade para que nos ajude a cultivar uma vida de oração, seguindo o exemplo de Jesus, dizendo: em nome do Pai e do Filho e do Espírito Santo. Amém!

Canto: *No poder da oração* (Padre Reginaldo Manzotti).

CONVITE À ORAÇÃO

Animador 1 – Jesus nos diz que se pedirmos, receberemos (cf. Mt 7,7-8). Nesse momento, com muita fé, façamos nossos pedidos a Deus e, após cada invocação, respondemos:

Todos – *Senhor, atendei nossas preces.*

Mãe – Senhor, que sejamos cada vez mais atenciosos para com vossa Palavra.

Pai – Senhor, que nosso lar seja um lugar de oração, amor, esperança e fé.

Mãe – Senhor, que nossa família siga o modelo de perfeição da Sagrada Família.

Pai – Senhor, que sejamos uma família de oração e espiritualidade, principalmente com a Palavra de Deus.

Mãe – Senhor, que os filhos encontrem no pai, na mãe ou nos responsáveis o exemplo de Maria e José para que cresçam em estatura, sabedoria e graça, perante Deus e os homens.

COMPREENDER PARA AMAR

Animador 1 – Organizados em grupos, vamos ler o texto bíblico indicado, conversar e responder as questões propostas escrevendo um pequeno texto explicativo. Depois, compartilhar com os demais grupos, que poderão complementar as respostas com as suas percepções.

- Grupo 1 – Mt 6,5-13. Como e por que devemos orar?
- Grupo 2 – Mc 11,22-25. Como e por que devemos orar?
- Grupo 3 – Rm 12,10-21. Como é a pessoa que costuma orar?
- Grupo 4 – Ef 6,10-20. Para que serve a oração e a Palavra de Deus?

A PALAVRA DE DEUS ILUMINA NOSSO ENCONTRO

Canto de Aclamação: à escolha.

(Durante o canto de aclamação, retire a Bíblia que está sobre a mesa, pois dela será proclamada a Palavra; se for necessário, o texto já pode estar indicado com um marcador de página.)

Leitura do Evangelho de Jesus Cristo segundo São Mateus – Mt 7,7-11.

Leitor – Palavra do Senhor.

Todos – *Graças a Deus.*

Animador 1 – Nesse texto, Jesus utiliza alguns verbos que nos sugerem atitudes: peçam, procurem, batam. Ainda, acrescenta que essas atitudes terão uma resposta positiva. Releia os capítulos 7 e 8 e reflitam: o que tenho pedido a Deus? O que tenho buscado ao rezar? Onde bato para procurar ajuda espiritual?

(Reserve alguns minutos para a leitura pessoal e reflexão. Se alguém quiser compartilhar as respostas, pode fazê-lo.)

Animador 1 – Jesus utiliza a imagem do pai e da mãe para mostrar a benevolência de Deus para conosco: o pai e a mãe não enganam seus filhos, não dão pedra no lugar do pão e só querem coisas boas para os filhos. Imagine o Pai do céu, que é pura bondade e misericórdia? Releia os versículos 9, 10 e 11 e reflita como está o seu amor pelos seus filhos?

(Reserve alguns minutos para a leitura pessoal e reflexão. Se alguém quiser compartilhar as respostas, pode fazê-lo.)

Animador 1 – Esse texto nos diz que devemos sempre rezar, em todos os momentos e com insistência. Nós, que somos humanos imperfeitos, defendemos com todas as forças os nossos filhos. Deus, que é perfeito, vai sempre nos atender, pois Ele é um Pai amoroso e misericordioso. Como estão seus momentos de oração? Qual a qualidade de sua oração?

(Reserve alguns minutos para reflexão. Se alguém quiser compartilhar as respostas, pode fazê-lo.)

Animador 2 – A amizade social é um meio de todos e todas cultivarem os ensinamentos de Jesus por meio da oração e da solidariedade. Ela é o caminho para melhorarmos a nossa comunidade. Vamos rezar a oração da Campanha da Fraternidade 2024, que fala sobre a amizade social:

> Deus Pai, Vós criastes todos os seres humanos com a mesma dignidade. Vós os resgatastes pela vida, morte e ressurreição do vosso Filho, Jesus Cristo, e os tornastes filhos e filhas santificados no Espírito. Ajudai-nos a compreender o valor da amizade social e a viver a beleza da fraternidade humana aberta a todos, para além dos nossos gostos, afetos e preferências, num caminho de verdadeira penitência e conversão. Inspirai-nos um renovado compromisso batismal com a construção de um mundo novo, de diálogo, justiça, igualdade e paz, conforme a Boa-nova do Evangelho. Ensinai-nos a construir uma sociedade solidária, sem exclusão, indiferença, violência e guerras. E que Maria, vossa serva e nossa mãe, eduque-nos para fazermos vossa santa vontade. Amém!

Canto sugerido – *Oração por meus amigos* (Padre Zezinho).

ORAÇÃO FINAL

Animador 1 – Nesse momento, vamos procurar melhor compreender o significado das frases que compõem a oração do Pai-nosso que rezamos. Para isso, participaremos da seguinte dinâmica:

- Cada participante receberá uma ou mais frases da oração do Pai-nosso.

- Gradativamente, serão apresentadas as frases que se referem a explicação de cada parte do Pai-nosso.

- Para cada frase da explicação que for apresentada, o grupo deverá dizer qual frase do Pai-nosso ela contempla. Então, quem estiver com a frase do Pai-nosso mencionada, colará abaixo da explicação.

Animador 2 – Essas explicações nos ajudam a reconhecer que o Pai-nosso é uma oração comprometedora e que devemos ter muita atenção e responsabilidade com o que ela nos diz sempre que a rezarmos.

Animador 1 – Encerremos nosso encontro rezando juntos o Pai-nosso, a Ave Maria e o Glória ao Pai.

Canto: *Oração pela Família* (Padre Zezinho).

FÉ E VIDA – UMA TAREFA PARA A FAMÍLIA

Em família, releia o texto de Mt 7,7-11. Meditando esse texto, vamos nos comprometer a rezar nos vários momentos do dia: ao levantar-se, nos momentos das refeições e ao dormir.

Para ajudar com esses momentos, indica-se o livro de Calikoski, C. R. *A arte de rezar: orações na catequese*. Petrópolis: Vozes, 2019.

ANEXO 1

Preparar tarjas de papel com a oração do Pai-nosso da seguinte maneira:

Pai Nosso

que estais nos céus,

santificado

seja o vosso nome;

venha a nós o vosso Reino;

seja feita a vossa vontade;

assim na terra

como no céu;

O pão nosso

de cada dia

nos dai hoje;

perdoai-nos as nossas ofensas,

assim como nós perdoamos

a quem nos tem ofendido;

e não nos deixeis

cair em tentação;

mas livrai-nos

do mal.

ANEXO 2

Preparar sete faixas de papel Kraft com as frases indicadas a seguir, deixando abaixo de cada uma delas um espaço para colar as tarjas com as partes do Pai-nosso.

1. Nós somos filhos, pois Deus é nosso Pai Celeste; somos todos irmãos, porque o mundo é uma grande família. O nome de Deus é santo.

2. O Reino de Deus é de paz, amor e felicidade. Quando pedimos pelo Reino, estamos pedindo que venham a paz, o amor e a felicidade da presença de Deus.

3. Deus é Pai e, como Pai, a vontade dele é o melhor para nós. Ele quer nossa felicidade e, como bons filhos que somos, fazemos a sua vontade, buscando viver em paz, praticando o amor e sendo felizes.

4. Pedimos a Deus que não falte alimento em nossas mesas e nas mesas das demais pessoas. O pão nos dá força para levar o Reino de Deus a todas as pessoas.

5. Reconhecemos que somos pecadores e precisamos do perdão de Deus, mas seremos perdoados à medida que perdoarmos as pessoas que nos ofendem.

6. Pedimos a Deus para nos livrar de toda tentação que nos leve ao pecado, que possa fazer mal ao nosso próximo, que nos leve a nos afastar dele.

7. Deus é um Pai que nos defende de todo mal. Pedimos a Deus ajuda para lutar contra o mal e confiar em sua proteção.

Referências

Bíblia Sagrada. Petrópolis: Vozes, 2012.

CALIKOSKI, C. R. O catequista da inspiração catecumenal. *In*: CNBB Regional Sul II – Catequese. *Catequizar...sempre! Ministério de Catequista*: caminho de formação. Petrópolis: Vozes, 2023.

CALIKOSKI, C. R. *A arte de rezar*: orações na catequese. Petrópolis: Vozes, 2019.

Catecismo da Igreja Católica. Petrópolis: Vozes, 1993.

CNBB (Conferência Nacional dos Bispos do Brasil). *Diretório nacional de catequese*. Brasília: Edições CNBB, 2011.

CNBB (Conferência Nacional dos Bispos do Brasil). *Diretório para a catequese*. Brasília: Edições CNBB, 2020.

CNBB (Conferência Nacional dos Bispos do Brasil). *Campanha da fraternidade*: sobre a amizade social. Brasília: Edições CNBB, 2024.

FRANCISCO. *Evangelii Gaudium*. Exortação apostólica sobre o anúncio do evangelho no mundo atual. Brasília: Edições CNBB, 2013.

FRANCISCO. *Exortação apostólica pós-sinodal* Amoris Laetitia. Brasília: Edições CNBB, 2016.

JOÃO PAULO II. *Exortação apostólica* Catechesi Tradendae *sobre a catequese do nosso tempo*. Disponível em: https://www.vatican.va/content/john-paul-ii/pt/apost_exhortations/documents/hf_jp-ii_exh_16101979_catechesi-tradendae.html. Acesso em: 27 set. 2023.

JOÃO PAULO II. *Familiaris Consortio*: sobre a função da família cristã no mundo. São João do Meriti: Virgo Fidelis, 2022.

SOU CATEQUISTA. A importância dos pais na formação religiosa dos filhos. *Sou Catequista*, 2015. Disponível em: https://soucatequista.com.br/a-importancia-do-acompanhamento-dos-pais-na-formacao-religiosa-dos-filhos.html. Acesso em: 12 jul. 2023.

Sites consultados

FRANCISCO. Oração do Angelus de 9 de janeiro de 2022: a oração abre o céu. *Canção Nova*, 2022a. Disponível em: https://noticias.cancaonova.com/especiais/pontificado/francisco/a-oracao-abre-o-ceu-disse-o-papa-francisco-no-angelus/. Acesso em: 7 nov. 2023.

FRANCISCO. Oração do Angelus de 16 de outubro de 2022: a oração é o remédio da fé, o reconstituinte da alma. *Vatican News*, 2022b. Disponível em: https://www.vaticannews.va/pt/papa/news/2022-10/papa-francisco-angelus-domingo-16-de-outubro-2022.html. Acesso em: 7 nov. 2023.

Conecte-se conosco:

facebook.com/editoravozes

@editoravozes

@editora_vozes

youtube.com/editoravozes

+55 24 2233-9033

www.vozes.com.br

Conheça nossas lojas:
www.livrariavozes.com.br

Belo Horizonte – Brasília – Campinas – Cuiabá – Curitiba
Fortaleza – Juiz de Fora – Petrópolis – Recife – São Paulo

    Vozes de Bolso

EDITORA VOZES LTDA.
Rua Frei Luís, 100 – Centro – Cep 25689-900 – Petrópolis, RJ
Tel.: (24) 2233-9000 – E-mail: vendas@vozes.com.br